만화로 알아보는
우리나라 민물고기

學而思 | 학이사

만화로 알아보는
우리나라 민물고기

발   행 | 2015년 3월 16일

글·그림 | 도솔세 박원열
펴낸이 | 신중현
펴낸곳 | 도서출판 학이사
　　　　출판등록 : 제25100-2005-28호
　　　　주소 : 대구광역시 달서구 문화회관11안길 22-1(장동)
　　　　전화 : (053) 554~3431,3432
　　　　팩스 : (053) 554~3433
　　　　홈페이지 : http : // www.학이사.kr
　　　　이메일:hes3431@naver.com

저작권자 ⓒ 2015, 박원열
이 책의 저작권은 저자에게 있습니다. 저자와 출판사의 서면 동의 없이
내용의 일부를 인용하거나 발췌하는 것을 금합니다.

ISBN _ 978-89-93280-94-4 77490

만화로 알아보는
우리나라 민물고기

글·그림
도솔세 **박원열**

學而思 학이사

이 책을 펴내면서

    강이나 계곡으로 나들이 갈 때면 늘 우리를 반갑게 맞아주는 물 속의 친구들이 있습니다. 바로 우리의 내나 강에서 살고 있는 민물고기입니다.

    우리는 물이 있는 곳은 어딜 가나 우리의 민물고기가 그 자리에서 놀고 있기를 은근히 바라고 있습니다. 하지만 깊은 골짜기나 민물고기를 보호하는 지역이 아니면 민물고기를 만나는 것이 쉽지 않아졌습니다. 어쩌다가 운 좋게 만나는 민물고기가 있으면 애타게 기다리던 친구를 만난 듯 반갑습니다.

    요즘과 같이 환경오염과 무분별한 개발에도 살아 있다는 것이 신기하고 자랑스럽지만, 한편으로는 사람들이 참으로 민물고기에게 무관심하고 못된 짓을 한 것 같아 가슴이 아프기도 합니다.

    그래서 우리나라의 얼마 남지 않은 민물고기에 대한 관심과 보호를 위해 민물고기에 관련된 그림을 그렸습니다. 우리가 쉽게 지나쳐버렸던 것들이 이렇게 소중하고 아름다운 이야기를 간직하고 있다는 것을 새삼 느낍니다.

　우리가 알지 못하는 민물고기의 비밀에서 사람들이 본받아야 할 점도 많습니다.

　우리나라의 강과 하천, 저수지에는 200여 종의 민물고기가 살고 있는데 그 중에 우리가 흔히 만날 수 있는 50여 종을 그림으로 옮겨 보았습니다.

　우리나라 민물고기에 대한 자료와 연구가 더 많이 필요하다는 점도 아울러 알았습니다. 앞으로 더 많은 연구가 있기를 기대합니다.

　우리나라의 계곡과 하천, 저수지 등에 사는 민물고기가 소중한 문화유산임을 깨닫고 그것을 소중히 보존하여 늘 우리와 함께 할 수 있도록 노력해야겠습니다.

2015년 3월

도솔세 **박원열**

차 례

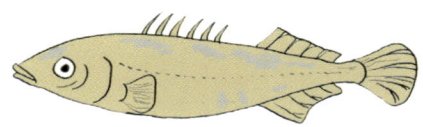

1. 미꾸라지 - 공기방울이 좋아요 · 9
2. 빙어 - 야! 겨울이다 · 12
3. 전어 - 가을의 전설입니다 · 15
4. 얼룩동사리 - 사랑을 노래해요 · 18
5. 송사리 - 모기가 싫어해요 · 21
6. 피라미 - 개울가의 주인공입니다 · 25
7. 어름치 - 민물고기의 댄디랍니다 · 28
8. 버들치 - 수양버들을 좋아해요 · 31
9. 열목어 - 눈에서 열이 나요 · 34
10. 금강모치 - 금강산에 살어리랏다 · 37
11. 동자개 - 당신은 바보야! · 40
12. 왕종개, 종개 - 미꾸라지가 아닙니다 · 44
13. 가시고기 - 사랑을 얘기해요 · 47
14. 밀어 - 효도하는 민물고기랍니다 · 51
15. 농어 - 알고 보면 귀족입니다 · 56
16. 숭어 - 인기 최고예요 · 59

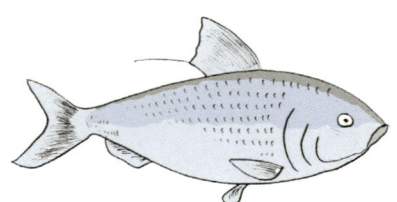

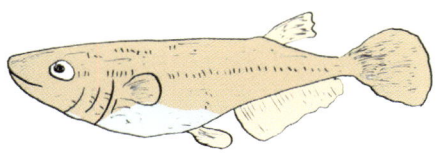
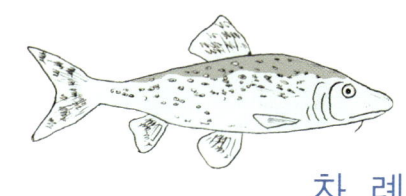

차 례

17. 산천어 - 고향을 떠나지 않을래요 · 65
18. 쉬리 - 쉬! 설명이 필요없어요 · 68
19. 납자루 - 빗자루가 아니에요 · 71
20. 갈겨니 - 피리낚시 하지 마세요 · 74
21. 웅어 - 봄의 전설이랍니다 · 77
22. 누치 - 눈치껏 봐 주세요 · 80
23. 퉁가리 - 나도 순수한 토종이라구요 · 83
24. 돌고기 - 돈(豚)고기라고 해요 · 86
25. 꺽지 - 나도 알고 보면 부드러워요 · 89
26. 은어 - 우리끼리 놀아요 · 94
27. 붕어 - 물만 먹지 않아요 · 98
28. 황어 - 꽃샘추위 때 만나요 · 101
29. 꾸구리 - 우리도 고유종이에요 · 105
30. 문절망둑 - 나를 꼬시래기라고 불러요 · 108
31. 뱅어 - 우린 끼리끼리 놀아요 · 111
32. 쏘가리 - 쏘이면 아프다고 쏘가리래요 · 114

차 례

33. 뱀장어 - 미스터리 그 자체랍니다 · 120

34. 긴몰개 - 피라미가 아닙니다 · 125

35. 둑중개 - 나도 신비주의랍니다 · 128

36. 배가사리 - 겨울이 다가오면 모여 살아요 · 131

37. 돌상어 - 진달래꽃 피면 만나요 · 134

38. 각시붕어 - 서로 돕고 살지요 · 137

39. 참마자 - 모래찜질을 좋아해요 · 140

40. 송어 - 하천의 신사입니다 · 143

41. 끄리 - '날치'라고 불러요 · 146

42. 잉어 - 축복받은 물고기죠 · 149

43. 가물치 - 부부 금슬이 좋아요 · 153

44. 버들붕어 - 용감한 자가 미인을 얻는다 · 157

45. 메기 - 나의 밤은 너희들의 낮보다 좋다 · 160

46. 밴댕이 - 알고보면 현명해요 · 163

47. 연어 - 드라마틱한 삶을 살지요 · 165

48. 블루길 - 군청색 무늬가 있어 블루길입니다 · 170

49. 배스 - 내 눈앞에서는 움직이지 마! · 173

공기 방울이 좋아요
미꾸라지

- 야, 바퀴벌레다. 잡아야지…

- 요것 봐라. 도망도 잘 가네.

- 미꾸라지 같은 놈 놓쳐 버렸잖아.
- 미꾸라지가 얼마나 똑똑한 민물고기인데….

숨 쉬러 밖에 나가면
추우니까 진흙 속에서
장호흡하면서 편안하게
살아요.

우리처럼 장호흡하는 민물고기는
몇 종류가 있습니다.
오해하지 마시고
이쁘게 잘 좀 봐주세요.

- 재밌다. 민물고기에 대해서 좀 더 알아보자.

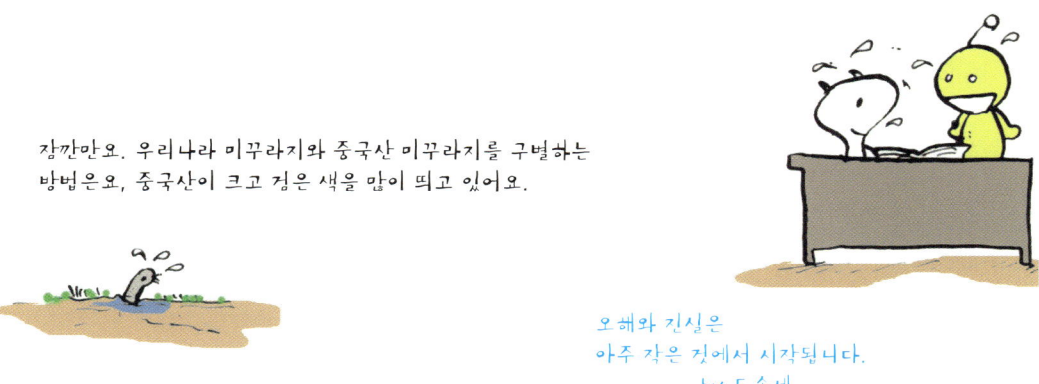

잠깐만요. 우리나라 미꾸라지와 중국산 미꾸라지를 구별하는
방법은요, 중국산이 크고 검은 색을 많이 띄고 있어요.

오해와 진실은
아주 작은 것에서 시작됩니다.
by 도슬세

야! 겨울이다
빙어

- 이렇게 추운 날에 왜 호숫가로 나오라고 하는 거야!!!

- 에이취, 어 미끄러… 뭐야? 낚시하고 있네.

- 무슨 물고기야? 한꺼번에 많이 잡히네.
- 빙어야. 추운 겨울이 제철이지…

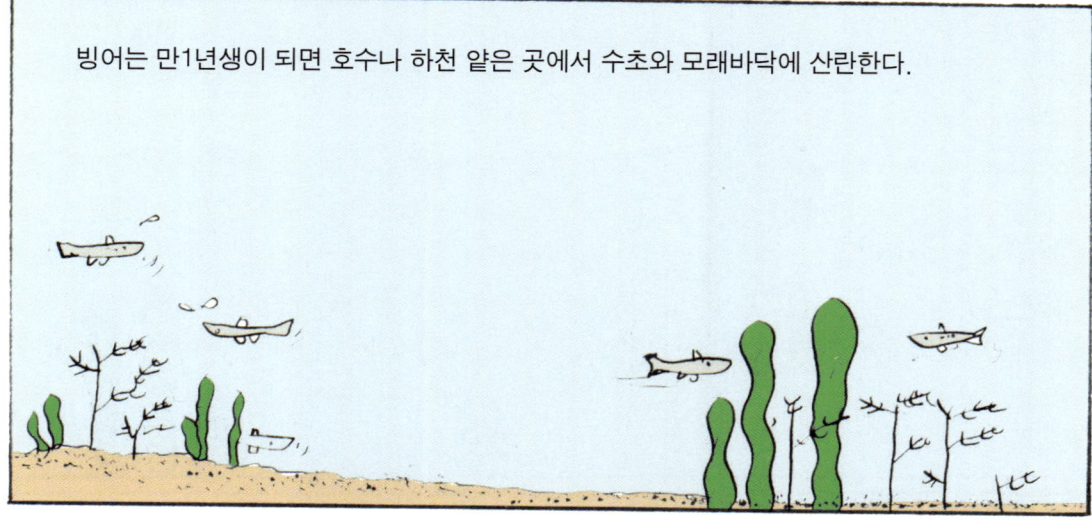

- 빙어가 이렇게 맛있을 줄은 몰랐네.
- 추운 날씨일수록 제맛이야.

물고기들도 살아가는 방식이 다르듯이
사람들도 살아가는 방식에 차이가 납니다.
그 차이 때문에 실망하지 마세요.

by 도슬세

4 ~ 6월에 연안으로 들어와 해가 진 뒤
1 ~ 2시간 사이에 알을 낳는다.

뭐야? 요즘 출산이 얼마나 중요한데……. 시간이 너무 촉박한 거 아닌가요?

산란에 적당한 물의 온도는 15 ~ 18℃이고, 알은 물위에 떠 다닌다. 암컷 한마리가 낳는 알의 수는 10만 ~ 14만개이다.
어린 전어는 수온 17 ~ 20℃에 산다.

알을 마구마구 많이 낳아 연안바다를 우리들 세상으로 만듭시다.

그렇게 되기까지 다른 물고기들이 가만히 놔 두겠어요? 어쨌든 노력해 봅시다.

- '전어'라고 생각하면 입맛이 먼저 돌 듯이
  사람도 누군가를 생각하면 좋은 추억을 되새기게 되는
  그런 사람이 되었으면 좋겠어.

나처럼 말이기 지당하신 말씀이야!

by 도슬세

사랑을 노래해요
얼룩동사리

- 여기 재미있는 내용이 있네.

- 얼룩동사리와 뱀이 싸우면 누가 이기겠어?
- 그야 당연히 뱀이지…
- 아니 둘 다 죽어.

- 어떻게…

빨리 알을 낳아요. 심호흡 한 번하고

물이 너무 차가워서 안돼요. 얘들아 조금만 참아요.

생김새와 달리 따지는 것도 많네.

알 낳는 시기는 4월 말 ~ 7월 중순이다.
그 중에서도 5월이 적기이다.
이때 물의 온도는 17.5 ~ 22℃ 이다.

육아교육은 아빠가 해야 돼. 어떤 녀석이든 오기만 해 봐라. 그냥 안 둘거야.

그 후, 수컷이 알을 지킨다.

- 얼룩동사리도 노래를 부르는데 나도 애창곡이 있어야겠네. 어떤 노래가 좋을까?
- 그야 뭐 즐거울 때 흘러나오는 콧노래가 최고지 뭐. 안 그래?

* 음악은 마음 속의 단단한 굳은 살도 부드럽게 합니다. by 도슬세

20 얼룩동사리

모기가 싫어해요
송사리

- 오늘은 어떤 민물고기와 여행을 할까?

- 뭐야? 모기떼들이 어딜가지?

- ...

송사리 21

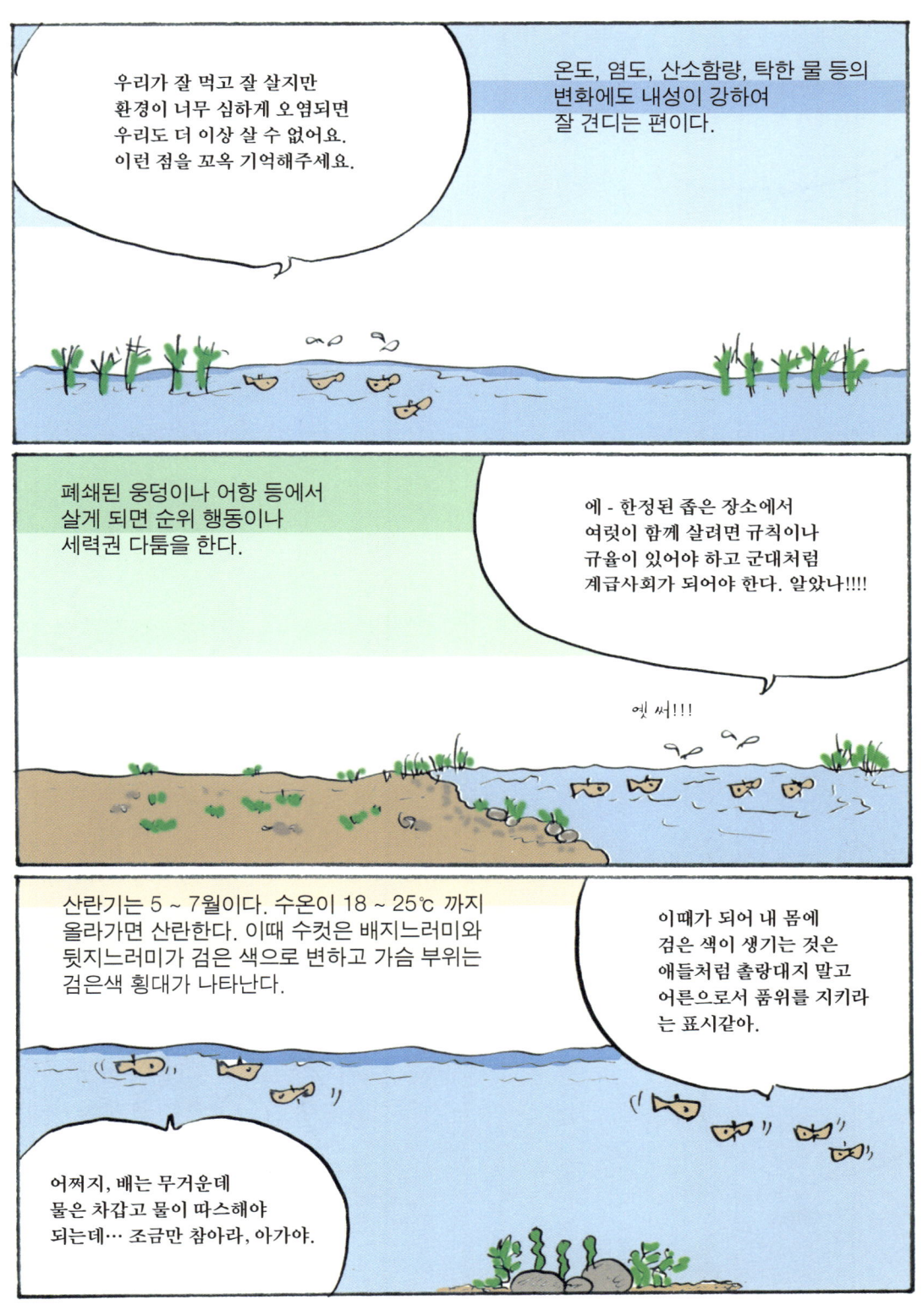

으메 ~ 몸은 엄청 무거운데 어디가 좋은 거여.

산란은 1년에 2,3회 하는데 주로 아침에 하며 암컷은 7 ~ 8시간 동안 생식공을 달고 다니다가 물풀에 붙인다.

이봐, 새댁. 이쪽으로 와. 여기가 아주 좋아.

추워서 못 살겠다. 겨울 잠을 자자. 아 흐 흐 흐 …

수온이 13℃ 이하 일 때는 행동이 활발하지 못하므로 겨울에는 활동하지 않는다.

- 얍! 겁 많은 사람을 송사리같다고 하지.
- 깜짝이야.

너무 그러지 마세요. 알고 보면 우린 순수 하다구요.

* 속이 투명 할수록 더 잘보이죠. 당당한 자신감도 생긴답니다.

by 도슬세

24 송사리

개울가의 주인공입니다
피라미

- 아, 따스한 바람이 분다.
- ....

- 그리고 좋은 생각은 가슴이 부풀어 오르게하고
  얼굴에 붉은색을 돌게 한다.

- 여기 봐, '피라미' 라는 이름은 '온 몸이 붉은색' 이라서 붙인거래.
- 그래?

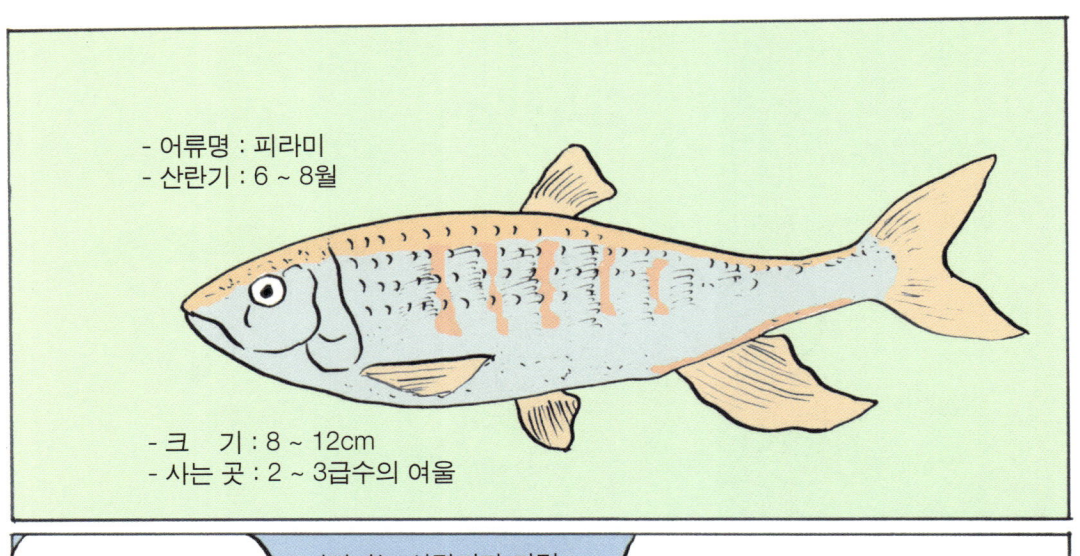

민물고기의 댄디랍니다
어름치

- 저기 봐.
- 이쁘고 멋진 사람들이 너무 많다.

- 참, 민물고기 중에 멋쟁이 민물고기는 어떤 것이 있을까?
- 나름대로 다 멋있지. 자기 환경에 적응되도록 살아 왔으니까.

- 그 중에 아마 천연기념물로 지정된 어름치가 아닐까?
- 맞아. 물 속에서 보면 멋쟁이 신사가 헤엄치고 있는 것 같아.

우리 애기들 보금자리니까 다시 한번 더 확인해야지.

산란 장소는 물살이 느린 여울에 물의 깊이는 42 ~ 60cm이고 길이는 13 ~ 17cm, 폭 9 ~ 13cm 깊이의 웅덩이를 파고 그 바닥에 알을 낳는다.

여보, 아랫배에 힘을 더 줘요.

산란이 끝나면 그 웅덩이에 잔 자갈을 모아 탑을 쌓아 올린다. 그것이 바로 산란탑이다.

다른 포식자들이 우리 애기들 못 잡아 먹고 센 물살에 안 떠내려가도록 튼튼하게 높이 많이 쌓읍시다.

무식한 것들! 우리라고 왜 잠을 안 자겠어. 단지 눈꺼풀이 없기 때문에 눈을 뜬 채로 자는 것 뿐이야.

- 쟤들도 잠을 잘까?
- 글쎄…

* 내가 보기엔 다른 사람들은 고민이 없다고 보이겠지요. 알고보면 누구나 다 고민이 있습니다. 내 고민만 크다고 생각하지 마세요.

by 도솔세

수양버들을 좋아해요
버들치

- 야외로 나오기에 정말 좋은 날씨네.

- '수양버들 춤 추는 길에 꽃가마 타고 가네…♬'

- 어? 버드나무 밑에 물고기들이 있네.
- 응. 버드나무 밑에 사는 것을 좋아한다고 해서 '버들치' 라고 이름을 붙였대.

버들치는 행동이 활발하며 잡식성으로 갑각류, 곤충류, 작은 동물 등을 먹는다.

버들치가 온다 숨어 - 쟤네들은 왜 하필이면 이런 1급수에만 사는 거야. 아휴- 내가 못 살아.

버들치는 배지느러미가 긴 것이 수컷이다.

산란기에 머리 부위에 알갱이가 생기는 버들치가 바로 수컷이라구요.

- 버들치는 맛이 없어 식용보다는 관상용이 더 인기래…

제발 먹지 말고 눈으로만 봐 주세요.

* 행복의 크기는 자(ruler)로 재는 것이 아니라 마음으로 잽니다.
by 도솔세

눈에서 열이 나요

열목어

- 눈이 충혈되었구나.
- 응, 요즘 피곤해서 그래.

- 눈이 빨갛게 되었다고 이름을 붙인 물고기가 있지.
- 어떤 민물고기인데?
- 열목어.
- 그래? 재밌는 이름이네.

- 어류명 : 열목어
- 산란기 : 4 ~ 5월
- 크 기 : 30 ~ 70cm
- 사는 곳 : 물이 맑고 수온이 낮은 상류

특히, 눈알이 붉은색이고 옆구리 등지느러미에 붉은색 작은 반점이 있어 열목어예요.

* 2012년 5월31일 멸종위기 야생동물 2급으로 지정.

- 어두운 곳에서 열목어를 만나면
  다른 물고기들이 무섭다고 도망간대.
- 하하하 그래? 재밌다.

* 어울려 살면서 쉬우면서
  힘든 것이 포경 관리이다.
  그것보다 더 어려운 것이 마음관리이다.

　　　　　by 도슴세

금강산에 살어리랏다
금강모치

- 우리나라는 산이 많아 많은 종류의 민물고기들이 살기에 좋은 곳이지.
- 응 맞어.

- 우리나라를 대표하는 산이라면, 백두산, 한라산, 금강산 등이 있지
- 특히 금강산하면 이런 노래가 떠 오르잖아.

금강산 찾아 가자 일만이천봉 - ♪

- 금강산을 영어로 번역하면 Mt. Geumgang이라고 하지만 너무 아름다워서 The Diamond mountains이라고도 해.
- 그래? 그 만큼 '아름답고 귀중한 산' 이라는 뜻이겠네.

우리들은 물의 중간층을 헤엄치는 것이 좋아요.

뭐든지 중간쯤만 해도 잘하는 것이 아닐까요?

하천의 최상류 1급수 지역, 물의 중간층을 헤엄친다. 산란기는 4~5월이고 새끼는 1년만에 약 5cm 크기로 자란다.

금강모치는 금강에서 압록강 사이의 서해로 유입되는 하천과 동해로 유입되는 외금강의 하천에 분포하는 한반도 고유종이다.

- 물의 중간층에 사는 금강모치가 잘 살아가는 것 같아. 더도 말고 덜도 말고…
- 맞어, 세상에 꼭 1등만 하라는 법은 없잖아.

보셨죠? 우리가 얼마나 현명한지를…

* 보통으로 산다는 것도 쉽지 않습니다.
내게 주어진 그릇을 다 채우려 하지 마세요.

by 도승세

당신은 바보야!
동자개

- 엉? 무슨 민물고기가 이상하게 생겼어?
  메기와 연어가 반 반씩 섞여서 생긴 거 같아.
- 그래?

- 음… 이건 동자개야.
- 동자개?
- 흔히 '빠가사리' 라고 하지.

- 동자개는 위험을 느끼면 가슴지느러미를 관절과 마찰시켜
  '빠각 빠각' 소리를 내기 때문이야.
- 그래서 '빠가사리' 라고 하는구나.

미꾸라지가 아닙니다
왕종개, 종개

- 이게 뭐야? 미꾸라지 같고… 얼룩말 닮은 것 같기도 하고…
- 혹시…

- 이건 왕종개야.
- 왕종개? 참 신기하게 생겼네.

- 어류명 : 왕종개
- 산란기 : 5 ~ 6월
- 크 기 : 10 ~ 15cm
- 사는 곳 : 강 중, 상류의 물살이 빠르고 바닥에 자갈이 깔린 곳

제가 바로 왕종개랍니다. 사람들은 기름장어, 기름치, 하늘미꾸라지 등으로 불러요.

* 특히 경북 영덕산 왕종개는 신종으로 분리될 만큼 18cm 이상 되는 것도 있다.

다 비슷해 보이시죠?
알고보면 특성이 달라요.

- 어류명 : 종개
- 산란기 : 5 ~ 7월
- 크 기 : 약 10cm
- 사는 곳 : 하천

종개는 하천 상류의 자갈이 많은 여울에 산다.
산란기가 되면 수컷의 추성이 가슴지느러미에
빽빽하게 나타난다.
지느러미의 끝이 암컷은 둥글고
수컷은 뾰족하다.

(암컷)   (수컷)

- 민물고기의 생김새는 비슷비슷해서 다 같은 거라고 생각했는데…
  알고보면 다른 것이 많네.
- 그래서 더 조사해 봐야 되는가 봐.

* 겉모습과 선입관도 중요하지만
진정한 본 모습은 시간이 흘러봐야 알 수 있죠.
by 도슬세

46 왕종개, 종개

사랑을 얘기해요
가시고기

- 여기 이쁜 민물고기가 있네. 잡아볼까?

아얏!!!

- 눈에 보인다고 무턱대고 손으로 잡으려다가 가시에 찔렸구나.
  가시고기는 적이 공격하면 가시로 공격하지.
- 근데 저 표정은 남의 고통이 나의 기쁨이라는 뜻인가?

가시고기 47

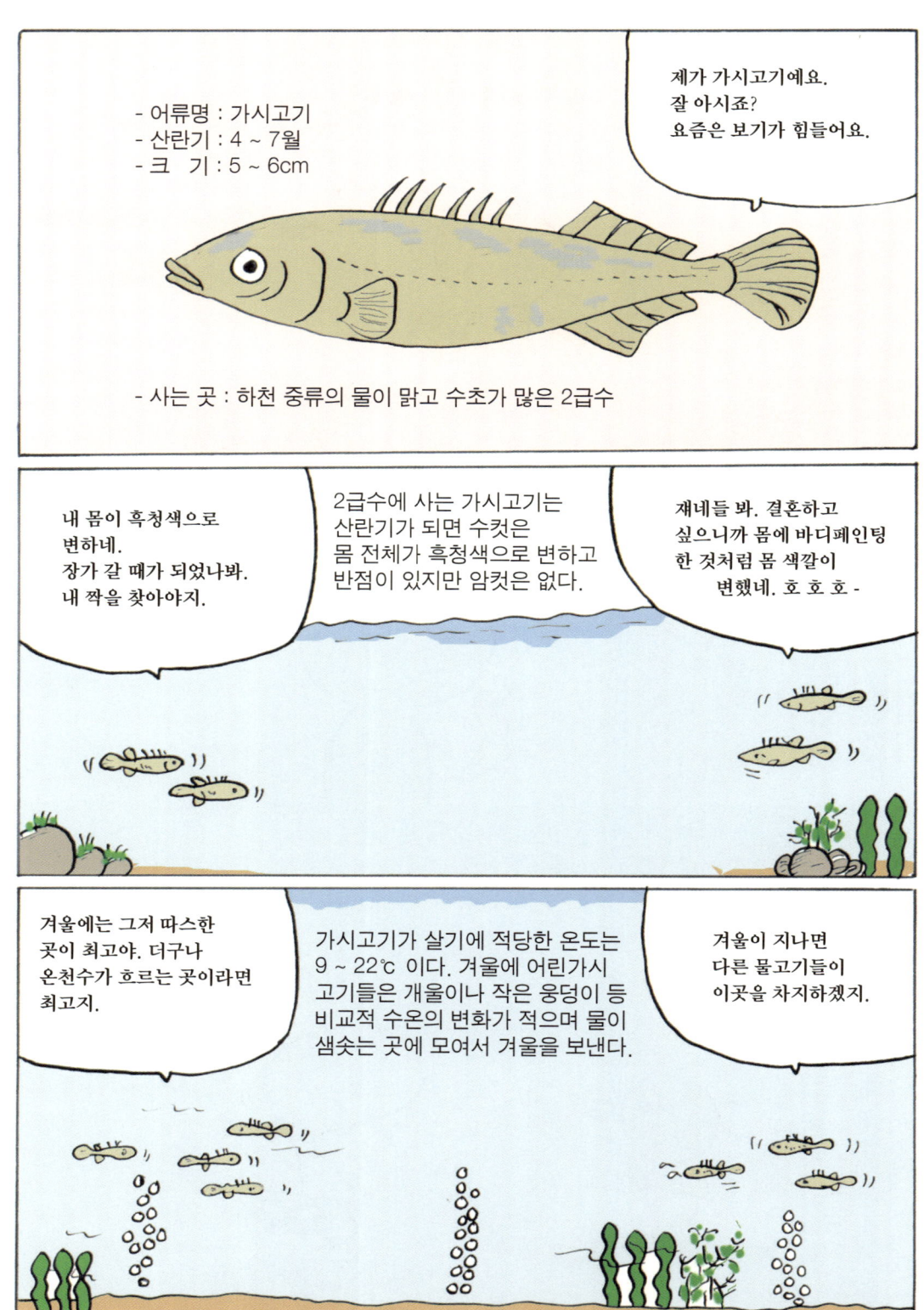

어! 온천물이 하늘에서 내려오네. 벌써 봄인가? 이상하네.

뜨거운 국물 때문에 얼음이 녹았고, 물 밑에는 마침 밀어가 떼를 지어 놀고 있었다.

선비는 이 물고기를 잡아 국을 끓여 어머니께 드려서 효도하였다. 그래서 사람들은 밀어를 효도 물고기라고 불렀다.

꿩 대신 닭이라고 밀어를 끓여 드려야지. 어무이 조금만 기다리셔요.

우리 조상님들이 살신성인(殺身成仁)하여 인간들을 좋게 했구나. 존경합니다.

- 아낌없이 주는 민물고기 같아.
- 재밌는 이야기가 많네.

* 혹시 지금하는 행동이 손해라고 생각하지 마세요. 나중에는 더 큰 보상으로 돌아 올거니까요.

by 도승세

밀어 55

알고보면 귀족입니다
농어

- 오늘은 어떤 민물고기가 잡힐까?
- 나도 궁금해.

- 으으으…… 으으

- 몸이 긴 타원형이고, 8등신이라고 할만큼 가늘고 긴 것을 보니까, 농어야.
- 농어?
- 농어는 횟감으로 최고급 생선인데. 맛이 좋아 비행기 기내식으로 인기야.

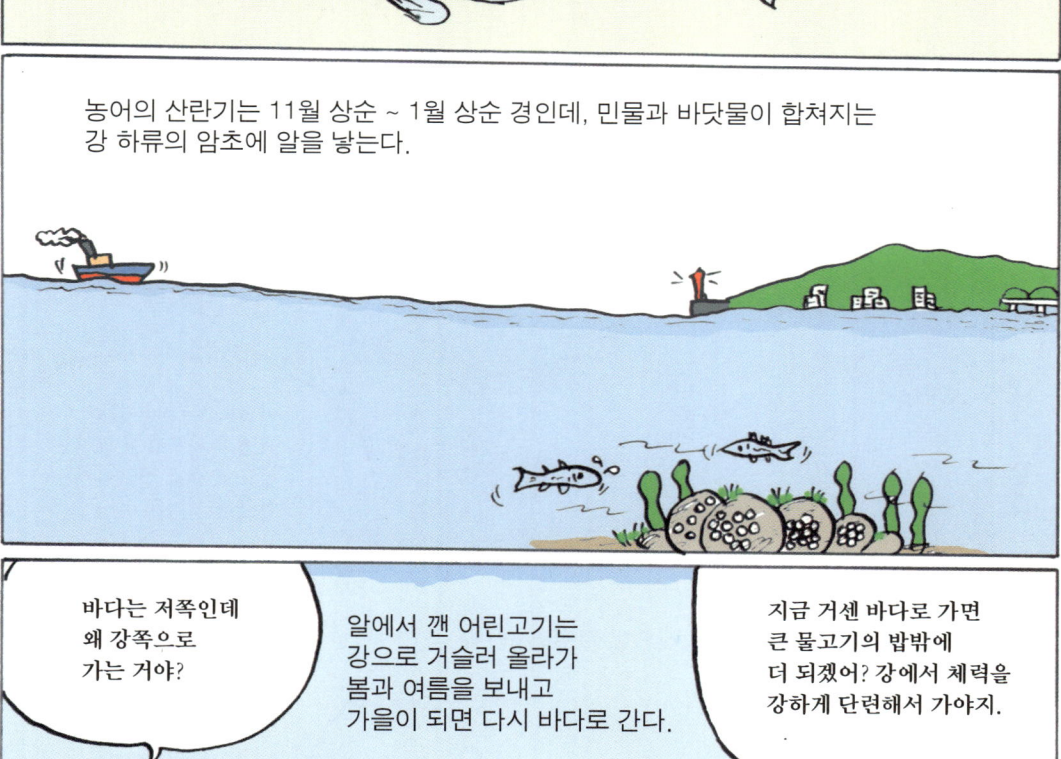

'7월 농어는 바라보기만 해도 약이 된다'는 말이 있듯이
여름에 잡히는 농어는 여름 보양식으로 꼽힌다.

인기 최고예요
숭어

- 와 저기 봐!
  웬 물고기가 날아 다녀…

- 저건 숭어야.

- 숭어의 몸은 둥글고 검으며 눈이 작고 노란빛이야. 의심이 많아 화를 피할 때 민첩하고, 어린 숭어를 모치라고 해. 맛이 좋아 물고기 중 제일이라고 하지.

겨울 동안 바다에서 태어난 어린 새끼들은 무리를 지어 연안으로 몰려와 부유생물을 먹는다.

숭어는 물의 온도가 20℃ 이상에서는 활발하게 먹이를 먹지만 16℃ 이하로 내려가면 거의 먹이활동을 하지 않는다. 3~5월경에는 하천으로 돌아 오고 겨울에는 바다로 내려 간다.

추워서 밥을 못 먹겠다. 아흐- 추워-

우린 식사할 때도 주위 환경을 꼼꼼이 따진다우.

- 바닷고기는 왜 짜지 않지?
- 그건 삼투압 방식으로 소금물을 걸러 내기 때문이야.

그래서 우린 바다와 민물에 같이 살아요.

- 옛부터 숭어는 잘 생겼다고 수어라고 해.
- 맞아. 참 잘생겼지.

- 전남 무안에서는 큰 것을 숭어, 작은 것을 '눈부럽떼기'라고 한대.
- 뭐? 눈부럽떼기?
- 응, 작은 숭어를 보고 '넌 숭어가 아니구나' 했더니 화가 나서 눈을 부릅떴다고 해서 이름을 붙였대.
- 응, 재밌다.

숭어는 의심이 많고 민첩하여 물이 맑으면 그물에서 열 발자국쯤 떨어져 있어도 사물을 알아 챈다.

숭어 잡는 방법은 여러가지가 있다.
돌을 쌓아 만든 독살이나 대나무를 엮어서 만든
죽방령으로 갯골을 막아 숭어를 잡는다.

부산 가덕도에는 160여 년간 전통 방법으로 숭어를 잡고 있다.
봄철이 되면 눈이 어두워진다는 숭어가 연안 수면 가까이로 떠오르면
산중턱에서 망을 보던 어로장이 '후려랏!' 하고 소리친다.

이때를 기다리고 있던 대여섯 척의 무동력 어선들이 일제히
그물로 숭어떼를 둘러싼 뒤 건져 올린다.

낚시로 잡는 방법은 미끼낚시와 훌치기낚시가 있다.
훌치기낚시는 동해안 영덕 지역 등에 숭어가 지나가는
길목에 던져서 훌치는 방법으로 주민들은
'강도낚시' 라고 한다.

진짜 강도 같다.
아 흐 흐 흐 -

나만 아니면 돼.

해남 우수영 울돌목에서는 뜰 채로 숭어를 잡는다.
또 영산강 하류에서 숭어를 잡던 전통방식은 떼발이 있다.

- 우리나라 물고기 중에 방언이 제일 많은 것이 숭어야.
- 얼마나 되는데?
- 100여 가지가 넘는대…

이제 아셨죠.
이렇게 인기가
많다구요.

* 명성과 지위가 높을수록
말과 행동은 더 조심해야 한다.

by 도슬세

64 숭어

고향을 떠나지 않을래요
산천어

- 음, 물 맛 좋다.
- 산 속에서 흐르는 물은 산삼 썩은 물이라며 건강에 좋다고 하잖아.

- 어류명 : 산천어
- 산란기 : 9 ~ 10월
- 크 기 : 20 ~ 30cm
- 사는 곳 : 물이 맑고 차가운 강의 상류

산천어는 '산의 여인' 이라는 뜻이랍니다.

- 산천어는 깊은 계곡, 1급수에서만 살지. 한여름에도 수온이 20℃ 이상 올라가지 않는 곳에 산대.
- 더운 여름에는 산천어가 사는 곳으로 피서 가면 되겠네.
- 그거 좋겠다.

산란과 수정은 거의 동시에 이루어진다.

다른 민물고기들은 수컷이 아기방을 만들어 준다는데, 힘든 몸으로 내가 다 해야 하다니 아이고 내 팔자야. 아무튼 남편을 잘 만나야 돼.

암컷은 수정된 알을 자갈이나 흙으로 덮는다.
지친 암컷은 알을 낳은 뒤 대부분 죽는다.

- 산천어의 암컷과 수컷의 관계가 신기해.
- 응, 좀 더 연구하면 재미있을 거 같아.

우리도 남녀가 유별하다구요.

by 도슬세

산천어 67

쉬! 설명이 필요없어요
쉬리

- 음, 이번에는 어떤 민물고기와 여행을 하지?
- 얼렁 얼렁 나와라.

- 엥? 이건 뭐야?
  몸은 가늘고 길며 머리가 뾰족한 것이 멸치 같아.

뭐야? 멸치라니? 멸치가 아니고 돌고래와 비슷하게 생겼다구요.

- 이건 쉬리야.
- 쉬리?
- 응, 우리나라 고유종으로 전국 하천에 살고 있어.

68 쉬리

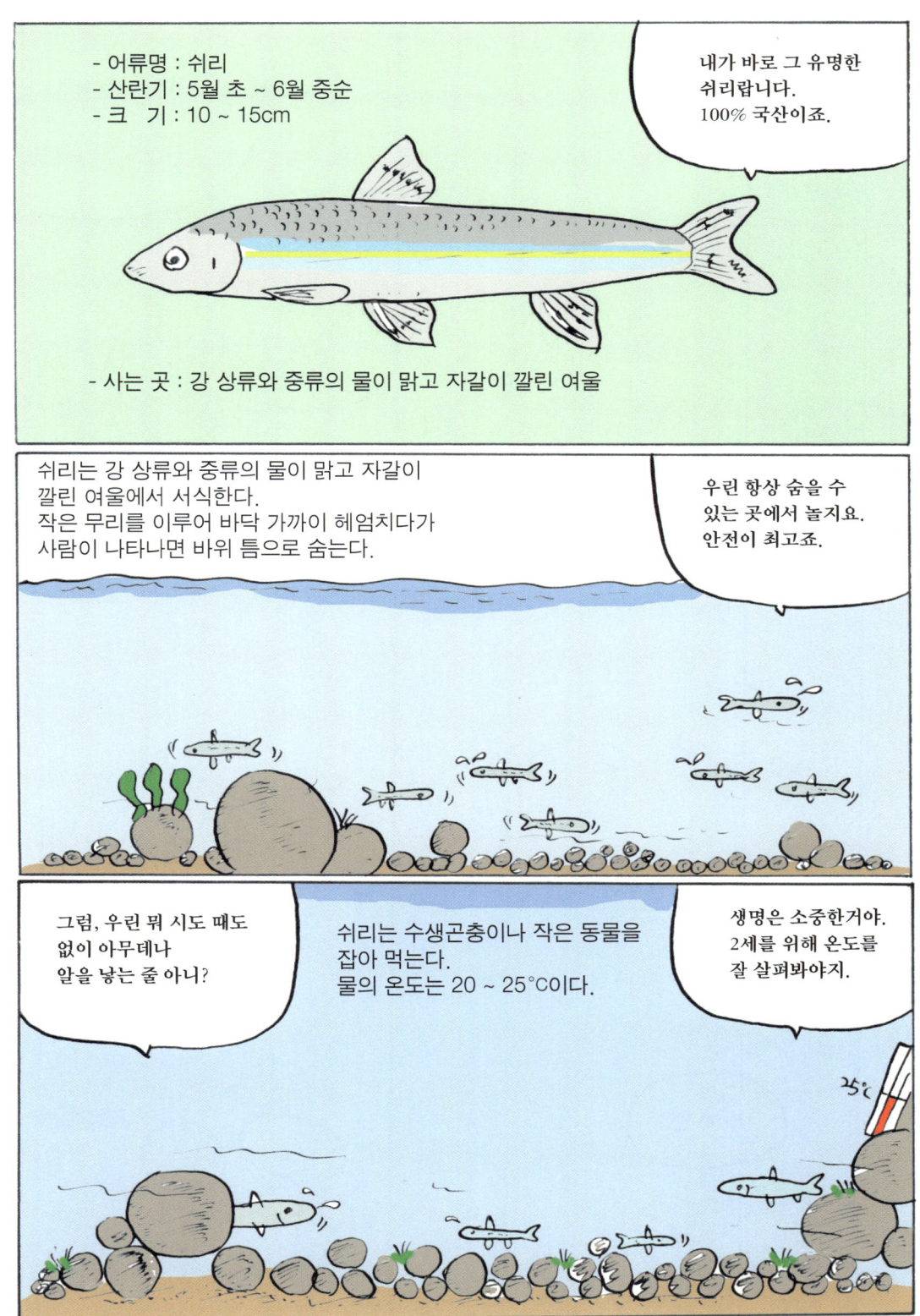

빗자루가 아니에요
납자루

- 이런 수초 우거진 곳에 어떤 물고기가 있을까?

- 어, 여기 붕어 새끼가 있다. 아닌가?

- 응. 이 민물고기는 붕어가 아니고 납자루야.
- 납자루? 무슨 민물고기 이름이 그래?
  빗자루도 아니고 납자루라고? 하여튼 재밌는 이름이네.

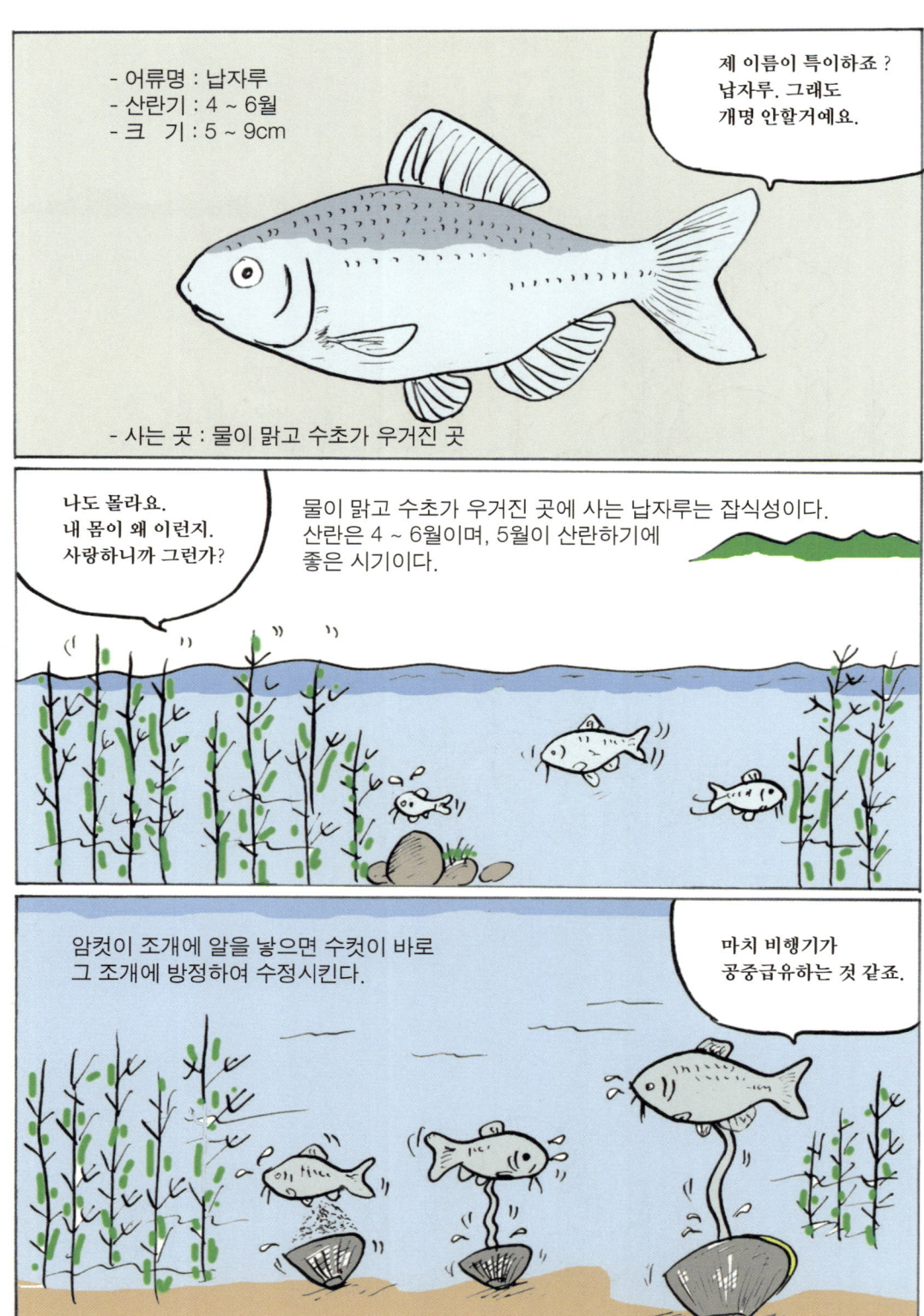

- 납자루와 조개가 서로 도와가며 사는구나.
- 응. 사람처럼 윈-윈 전략이지.

파리낚시 하지 마세요

갈겨니

- 이건 뭐야?
- 응 파리낚시.
- 파리낚시?
- 민물고기가 진짜 파리인줄 알고 덥석 물어.
- 그래? 어떤 것인지 한 번 해보자.

- 민물고기가 무는 동안 여기서 기다리자.

- 야, 잡혔다.
- 눈이 검고 은백색 민물고기니까, 이건 갈겨니다.
- 신기해…

봄의 전설이랍니다

웅어

- 뭐야? 이런 갈대밭에 민물고기가 있다고?

- 어! 정말 있네. 근데 칼날처럼 생겼어.

- 이건 웅어야. 주변 환경에 맞춰 진화하여서 칼날처럼 날카롭게 생겼지만 맛은 좋아.

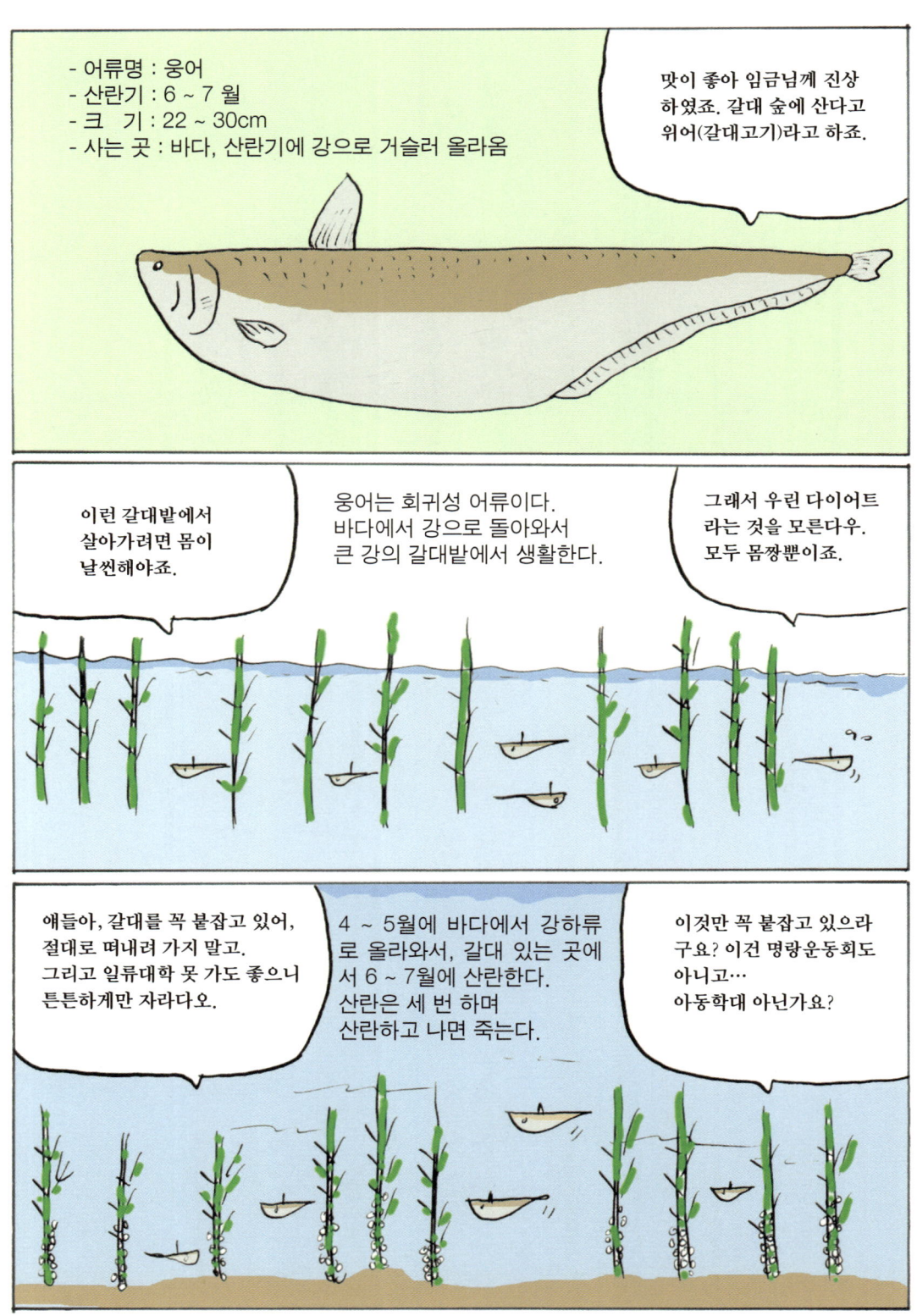

난 갈대밭이 좋던데. 왜 자꾸 바다로 가자고 그래?

야, 강은 꽁꽁 얼어도 바다는 얼지 않아. 넌 추위에도 약하잖아.

수정란에서 부화한 어린 웅어는 여름부터 가을에 걸쳐서 바다로 간다.

바다에서 겨울을 보낸 후, 다음 해 산란지에 다시 나타난다. 성숙하게 자라기까지 2년이 걸린다.

음, 고향이 좋아. 마음이 포근한 느낌 아니까.

- 가을의 진미가 전어라면, 봄의 진미는 웅어야.
- 맛이 정말 좋대. 뼈째로 먹어.

보기와는 달리 우린 진국이죠.

* 우리들은 가진 것이 적어도 미소가 행복한 사람 이면 좋겠다.

by 도슬세

눈치껏 봐 주세요
누치

- 헉!!! 입질이 왔다.

- 이야, 힘 좋다.
  손맛이 끝내준다.

- 누치야.
- 뭐? 눈치?
- 누치야. 특히 어린 누치의 몸에는 어두운 반점이 많이 퍼져있지만 몸이 자랄수록 사라지지.

나도 순수한 토종이라구요
퉁가리

- 어? 여기에 미꾸라지? 메기인가?
  잡아 봐야지…

- 뭐야? 못생기고 쪼그만 것이 날 공격해?
- 퉁가리야. 가슴지느러미에 있는 가시에 찔리면 통증이 심하지.
  덜렁대지 마.

퉁가리 83

돈(豚)고기라고 해요
돌고기

- 어? 가운데 줄무늬가 있는데…
  좀 이상하게 생겼네.

- 돌고기다. 정면에서 보면 돼지머리 닮았다고 이름을 붙였대.
  처음엔 돈(돼지)고기라고 하였대.
- 이름이 참 재밌다. 하 하 하 -

- 어류명 : 돌고기
- 산란기 : 5 ~ 6월 경
- 크 기 : 10 ~ 15cm
- 사는 곳 : 물 맑고 바닥에 자갈 깔린 곳

나도 알고 보면 부드러워요
꺽지

- 이런 바위 틈 사이에 어떤 물고기가 있지?

- 여기 산적같이 험상궂게 생긴 물고기가 있어.
- 혹시 꺽지 아닐까?

- 어류명 : 꺽지
- 산란기 : 5 ~ 6월

생김새와 달리 순수하다구요.

- 크   기 : 15 ~ 20cm
- 사는 곳 : 하천 중 상류의 물이 맑고 자갈이 많은 곳

혹시 죽은 알이 생기면 입으로 물어서 제거한다. 그냥 놔두면 세균이 번식하게 되어 다른 알까지 죽기 때문이다.

어쩌나 불쌍한 내 새끼들…

알을 지키기 위해 먹지 못하고 지친 수컷은 죽는 경우도 생긴다.

저 녀석 힘 없을 때 공격하자!

- 자기 소임을 다하고 죽는 수컷 꺽지가 불쌍해.
- 맞아. 하지만 아름다운 퇴장같아. '박수 칠 때 떠나라'는 말도 있잖아.

아셨죠? 수컷들도 희생 정신이 있다구요.

* '희생 없이 소득이 없다'는 말이 생각납니다.
by 도승세

우리끼리 놀아요

은어

- 민물고기 중에 비린내가 나지 않고 향이 나는 것은 없어?
- 있지.

- 어떤 민물고기인데?
- 은어가 있지.

- 어류명 : 은어
- 산란기 : 9 ~ 10월
- 크 기 : 약15cm

- 사는 곳 : 물이 맑은 하천과 하구

잘 아셨죠? 우린 비린내가 안나고 수박향이 나요.

- 한평생 최선을 다하며 사는 은어에게도 본받을 점이 있어.
- 바로 이런 것이 '자연에서 배운다'는 것 아닐까?

물만 먹지 않아요
붕어

- 붕어다!!!
- 야, 이 붕어 알이 실하고 좋아 보여.

- 근데 물 많이 먹는 것을 왜 붕어와 비교하지?
- 그건 아마도 붕어가 잡식성이라 뭐든 잘 먹고 또 생김새를 보면 배가 톡 튀어나와 있어서 그랬나봐.

- 어류명 : 붕어
- 산란기 : 4 ~ 7월
- 크 기 : 20 ~ 40cm

통통하고 복스럽게 생겼죠.

- 사는 곳 : 하천의 중류 이하의 흐름이 약한 물 주변과 호수 연안

붕어는 알을 수초가 무성한 얕은 장소에 쓸어 놓는다.

이렇게 모아 두어야 생존 확률이 높답니다.

붕어가 30cm 정도의 크기가 될 때까지는 10년이 걸린다.

세상에는 시간이 흘러야만 해결 되는 것도 있지요.

- 물 한 잔 더 할래?
- 내가 무슨 붕어떼인줄 알아!

자꾸 놀리지 마세요.

* 듣기 좋은 콧노래도 한두 번이라는 말이 있지요.
좋다고 너무 자주 하면 좋은 것이 아니지요. by 도승세

100 붕어

꽃샘추위 때 만나요
황어

- 으 으 으 춥다, 추워. 3월인데도 아직도 추워…
- 어서 와.

- 어! 꽃샘추위가 장난이 아닌데… 뭐야 뭐야 이 물고기떼들은?
- 황어야.
- 황어?

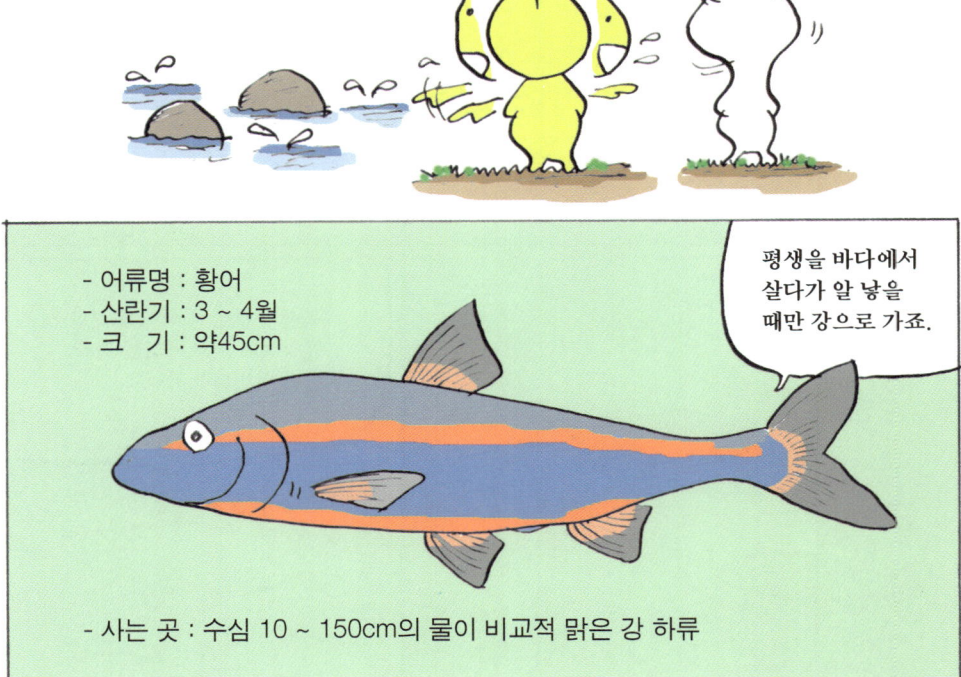

- 어류명 : 황어
- 산란기 : 3 ~ 4월
- 크 기 : 약45cm
- 사는 곳 : 수심 10 ~ 150cm의 물이 비교적 맑은 강 하류

평생을 바다에서 살다가 알 낳을 때만 강으로 가죠.

우리나라 고유종이에요
꾸구리

- 한강 상류에는 어떤 민물고기가 살지?
- 어이 어이 어서 나와라. 민물고기야.

- 어! 눈이 크고 바닷물고기처럼 생긴 민물고기가 잡혔다.
- 그래? 음, 꾸구리야.
- 꾸구리? 그 이름 한번 재밌다.

- 어류명 : 꾸구리
- 산란기 : 5월 하순 ~ 6월
- 크 기 : 6 ~ 10cm

제 생김새가 독특하죠?
그래도 우리나라 고유종
입니다.

- 사는 곳 : 하천의 상류,
  물이 맑고 바닥에 자갈이 깔린 곳

맞어 맞어. 계절의 여왕은 5월이지. 최고 !!!

알 낳는 시기는 5, 6월인데 5월이 가장 좋은 시기이다. 이때 물의 온도는 18℃ ~ 25℃ 이다.

암컷은 바닥에서 8 ~ 15cm 쯤 깊이까지 파고 들어가 자갈 사이에 알을 낳는다. 산란한 알은 3년이면 어른고기가 된다.

뭐냐구, 어떤 물고기는 수컷이 신혼방도 꾸며주고 아기방도 만들어주고 사랑의 세레나데도 불러준다고 하는데 난 뭐냐구요. 무거운 몸을 이끌고 땅을 파야 하다니… 아이고 내 팔자야.

- 물고기도 맛을 알까?
- 응, 대부분 물고기는 혀에 맛을 보는 세포가 있어서 맛을 느낀대. 어떤 물고기는 사람보다 더 맛을 잘 느낀다고 해.

* 성공하기 못한 사람은 실패가 두려워 변화를 하기 않으려고 한다.

by 도슬세

나를 꼬시래기라고 불러요
문절망둑

- 강과 바다가 만나는 하구에는 어떤 물고기가 잡혀?
- 문절망둑.
- 문절망둑? 이름 좀 특이하네.

- 동해안 방언으로는 꼬시래기라고 하지.
- 꼬시래기?
- '미련한 행동을 한다' 는 뜻으로 '꼬시래기 제 살 뜯어 먹는다' 고 표현하잖아.

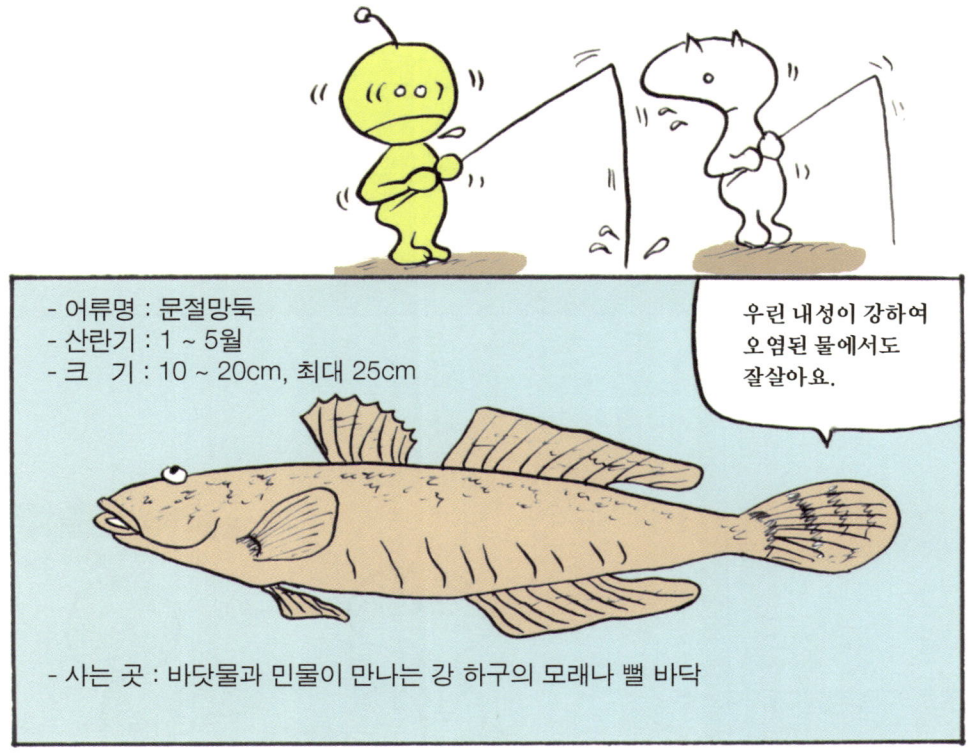

- 어류명 : 문절망둑
- 산란기 : 1 ~ 5월
- 크　기 : 10 ~ 20cm, 최대 25cm

우린 내성이 강하여 오염된 물에서도 잘살아요.

- 사는 곳 : 바닷물과 민물이 만나는 강 하구의 모래나 뻘 바닥

우린 끼리끼리 놀아요
뱅어

- 이런 강하구에서 어떤 물고기를 잡으려고 투망을 해?
- 기다려 봐.

- 뭐야? 이런 곳에서 멸치가 잡히네…
- 이건 멸치가 아니고 뱅어야.

- 어류명 : 뱅어
- 산란기 : 3 ~ 4월
- 크 기 : 암컷10cm, 수컷9cm
- 사는 곳 : 3급수 연안

살아서는 투명하고 죽어서는 흰색이 되어서 백어(白魚)라고도 해요.

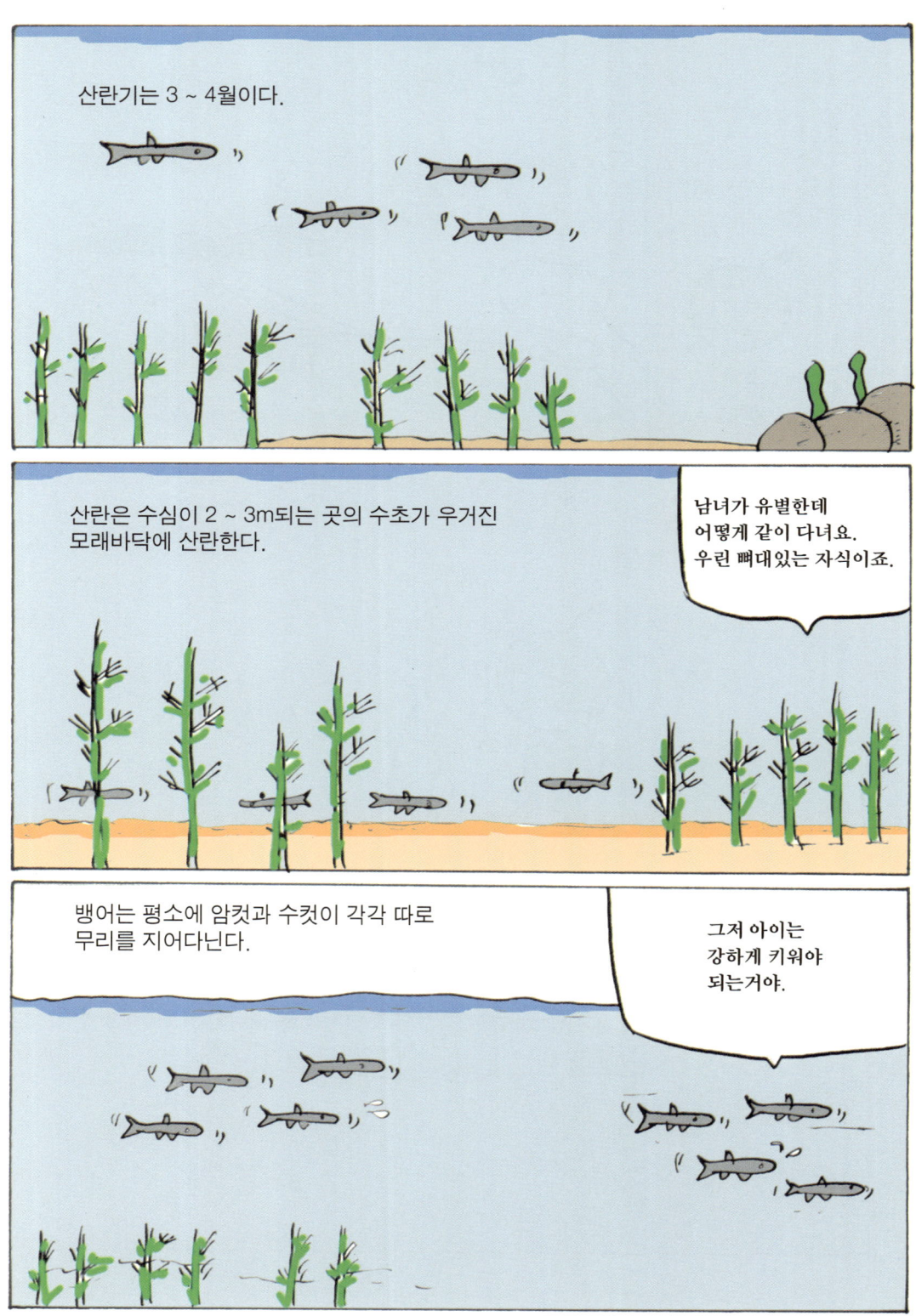

쏘이면 아프다고 쏘가리래요
쏘가리

- 우리나라 옛날 도자기나 그림에는 어떤 물고기가 있어?
- 주로 쏘가리가 많이 있어.

- 쏘가리는 우리나라 대표 민물고기 중에 하나고, 옛날에는
  쏘가리의 살맛이 돼지고기 맛처럼 좋다고 하여 수돈(물에사는 돼지)이라고 하였대.

- 어류명 : 쏘가리
- 산란기 : 3 ~ 7월
- 크 기 : 20cm 이상

쏘가라라는 이름은
가시에 찔리면
몹시 아프기 때문에 붙였대요.

- 사는 곳 : 하천 중류의 물이 맑고 바위가 많은 강

그런데 숲에서 큰구렁이가 나타났다.

큰구렁이는 어부의 몸통을 휘감고 잡아 먹으려고 하였다.

그때 '어라연'의 터줏대감인 쏘가리가 나타나 쏘가리의 가시로 뱀을 공격하였다.

아야!!!

미스터리 그 자체랍니다

뱀장어

- 여기 장어구이집이 있네.
  요즘 체력도 달리는데 먹고 가자.

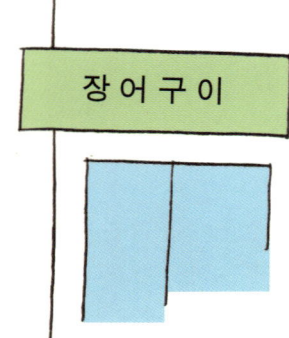

- 스테미너에 장어가 좋지만 장어의 일생을 알게 되면 맘 먹고 먹기에는
  가슴이 찡한 면을 느낄거야.
- 그래?

- 어류명 : 뱀장어
- 산란기 : 봄에서 여름
- 크 기 : 최대 200cm
- 사는 곳 : 2,3급수의 하천, 호수, 늪 등

우리가 어떻게 살아 왔는지 알게되면 놀랄겁니다.

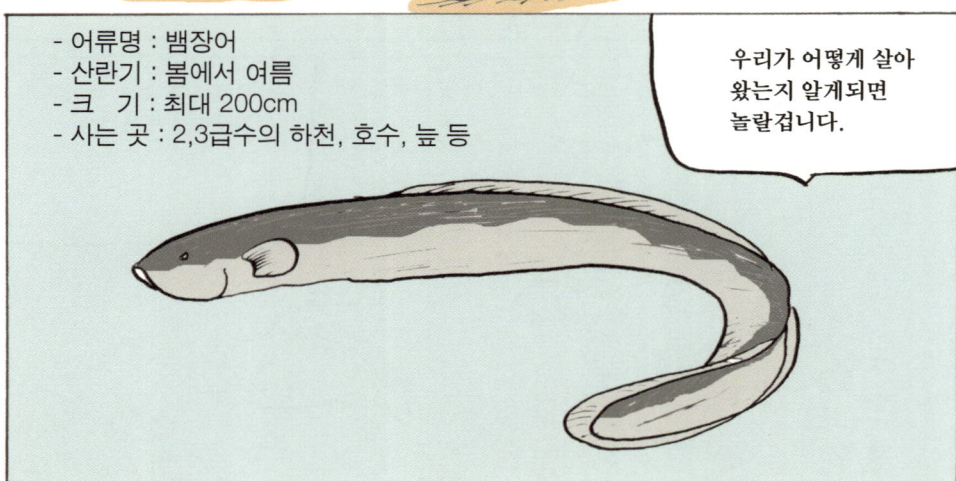

피라미가 아닙니다
긴몰개

- 어, 이건 피라미?
- 피라미라구?

- 가만, 이건 피라미가 아니고 긴몰개야.
- 긴몰개? 민물고기 이름이 참 재밌네.

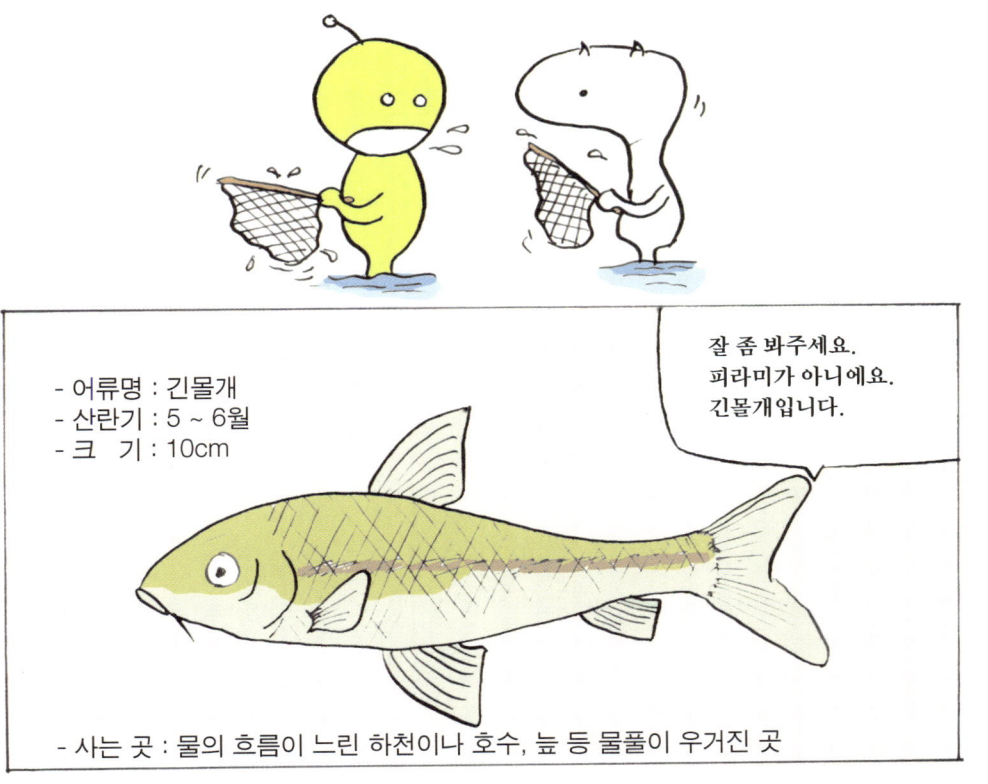

- 어류명 : 긴몰개
- 산란기 : 5 ~ 6월
- 크 기 : 10cm

잘 좀 봐주세요.
피라미가 아니에요.
긴몰개입니다.

- 사는 곳 : 물의 흐름이 느린 하천이나 호수, 늪 등 물풀이 우거진 곳

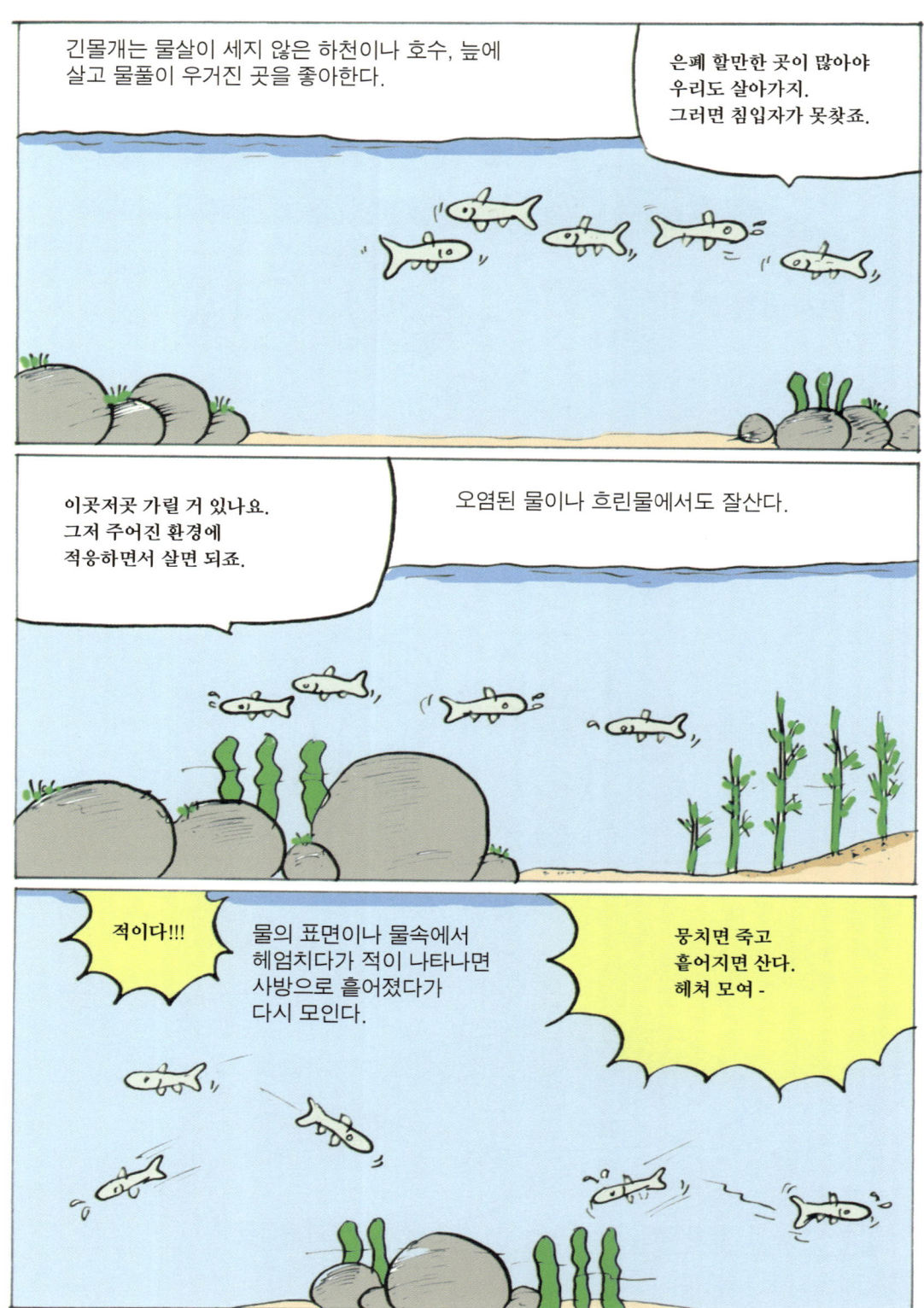

산란기는 5 ~ 6월이다.
얕은 곳에서 자라는 물풀에 알을 붙인다.

사랑하는 아그들아,
물풀을 꼭 붙잡고 있어.

아셨죠?
우린 마당발이라서
어디든 잘살아요.

부화한 후 1년이 지나면 몸길이가 40mm, 3년이
지나면 80mm 내외까지 자란다.
한국고유종으로 서해·남해·동해 남부로 흐르는
하천에 널리 살고 북한에도 산다.

- 참, 어르신들이 몰개바람이라고 하던데 무슨 뜻이야?
- 그건 모래가 섞인 바람을 몰개바람이라고 하지.
  경상도 지역에서는 지금도 모래를 몰개라 하기도 해.
- 아 그런 뜻이구나.

*한꺼번에 모두 알려고 하는 것보다
하나하나씩 더디게 아는 것이 더 낫다.
by 도승세*

긴몰개 127

나도 신비주의랍니다
둑중개

- 저기 물속에 유럽 중세기 갑옷처럼 생긴 민물고기가 있어.
- 그래? 둑중개를 봤구나.
- 둑중개? 이름이 뭐 그래.

- 어류명 : 둑중개
- 산란기 : 2~5월
- 크 기 : 수컷 약14cm, 암컷 약15cm
- 사는 곳 : 물이 맑고 여름에도 수온이 20℃ 이상 올라가지 않는 하천의 상류

제가 있다는 자체도 모르셨죠? 이제 기억해주세요.

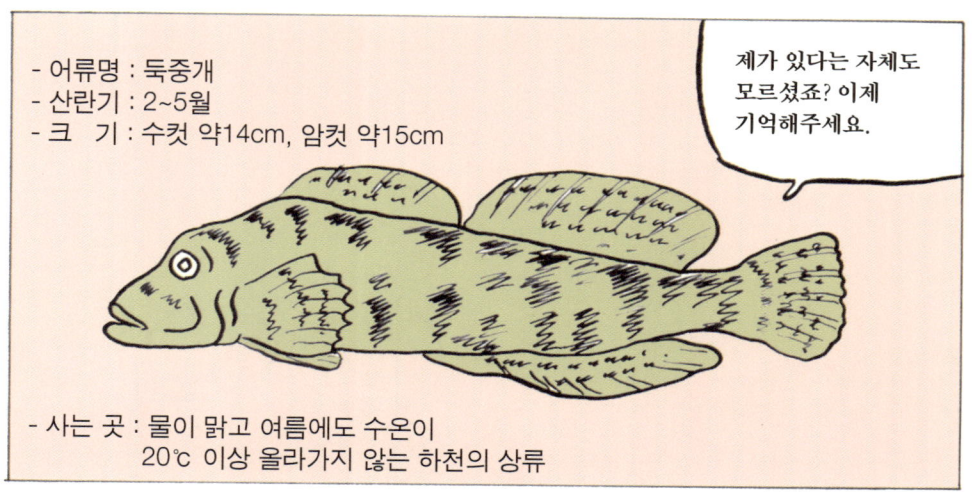

겨울이 다가오면 모여 살아요
배가사리

- 또 이상하게 생긴 민물고기가 잡혔어. 주둥이가 좀….
- ？？？

- 배가사리인데. 돌에 붙은 미생물을 뜯어 먹기 위해 주둥이가 그렇게 생겼대.
- 그렇구나.

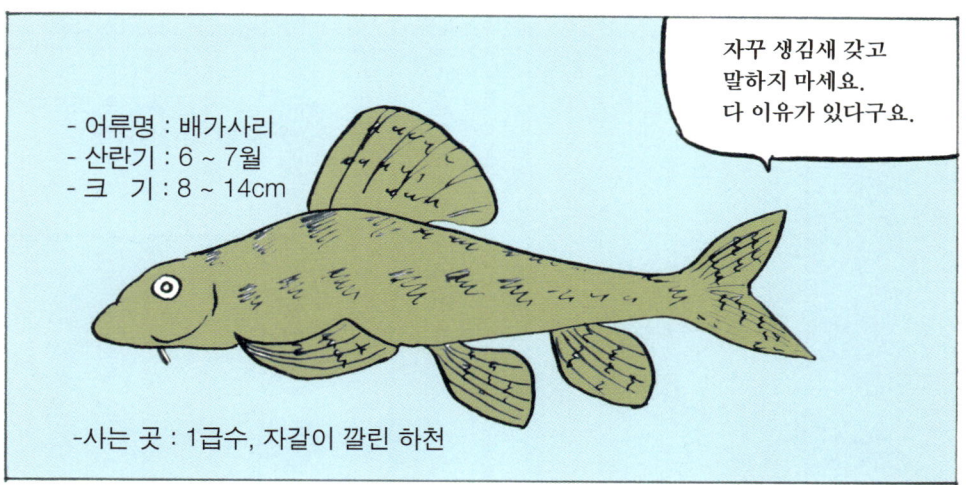

- 어류명 : 배가사리
- 산란기 : 6 ~ 7월
- 크 기 : 8 ~ 14cm
- 사는 곳 : 1급수, 자갈이 깔린 하천

자꾸 생김새 갖고 말하지 마세요. 다 이유가 있다구요.

아이구, 철없는 것들…
어른이 되면 책임이
많다는 것을 알겠지.

산란기는 6~7월경이며,
알에서 부화한 새끼는
2년이 지나면 성숙해진다.

2년세월
금방이네.
좋다-

이젠
어른이다!

재네들이 다시 뭉치는 걸
보니 겨울이 오거나 알 낳을
때가 다가온다는 증거야.

배가사리는 겨울이 시작되기 전과 알을 낳을 무렵에
큰 무리를 이룬다.
한국 특산어종으로 낙동강, 한강, 금강 등에 분포한다.

- 맑은 물에는 고기가 못 산다는 말은 거짓말 같아.
  수족관에 물고기가 잘살잖아.
- 맞아. 그렇지만 물이 흐려야 물고기의 먹이인 플랑크톤과
  유기질, 부유물 등이 있기 때문이지.

그래도 난 맑고
깨끗한 물이 좋아요.

* 열심히 하는 곳에만
행운이 따릅니다.
by 도승세

배가사리 **133**

진달래꽃 피면 만나요
돌상어

- 엥? 도루묵같이 생긴 민물고기가 잡혔다.
- ??????

- 아, 이건 우리나라 고유종이고 1급수에만 사는 돌상어야.
- 돌상어? 그 이름 한번 재밌네.

- 어류명 : 돌상어
- 산란기 : 4 ~ 6월(추정)
- 크 기 : 10 ~ 15cm
- 사는 곳 : 1급수, 깨끗한 물 여울

저도 제 이름이 참 이상하다고 생각해요.

우리도 봄 기지개를 펴고 벚꽃구경 나왔다고 생각하세요.

진달래꽃이 필 무렵에 많이 나타난다고 해서 꽃고기라는 말이 생겼다.

아셨죠? 잘 좀 보호해주세요.

돌상어는 우리나라 특산어종이며, 북한강 상류인 화양, 임진강 상류인 연천에서 주로 산다. 2012년 5월31일 멸종위기 동·식물 2급으로 지정되었다.

- 물고기는 왜 수염이 있어?
- 맛을 알아보거나 먹이를 찾기 위해 있는 거야.

아셨죠? 수염이 폼으로만 있는 게 아니에요.

* 좋은 도구일수록 쓸모가 많듯이
좋은 사람은 찾는 곳이 많습니다.

by 도승세

서로 돕고 살지요
각시붕어

- 이 하천에는 어떤 민물고기가 있지?
- 조심 조심해서…

- 열대어처럼 이쁘게 생긴 민물고기가 잡혔네.
- 응 새색시처럼 예쁘다고 이름붙인 각시붕어야.
- 참 예쁜 이름이다.

- 어류명 : 각시붕어
- 산란기 : 4월 하순 ~ 6월 중순
- 크 기 : 3 ~ 6cm

사실 제가 보기보다 몸이 재빠르지 못해요.

- 사는 곳 : 물 흐름이 느린 하천 가장자리의 수초가 무성한 진흙 바닥과 연못

모래찜질을 좋아해요
참마자

- 이거 뭐야? 꽁치새끼 같은 민물고기가 잡혔다.

- 응 이건 참마자야. 누치와 비슷하게 생겼지. 머리가 뾰족하고 주둥이가 긴 모습을 하고 있어 'long-nosed barbel' 이라는 이름이 붙었대.

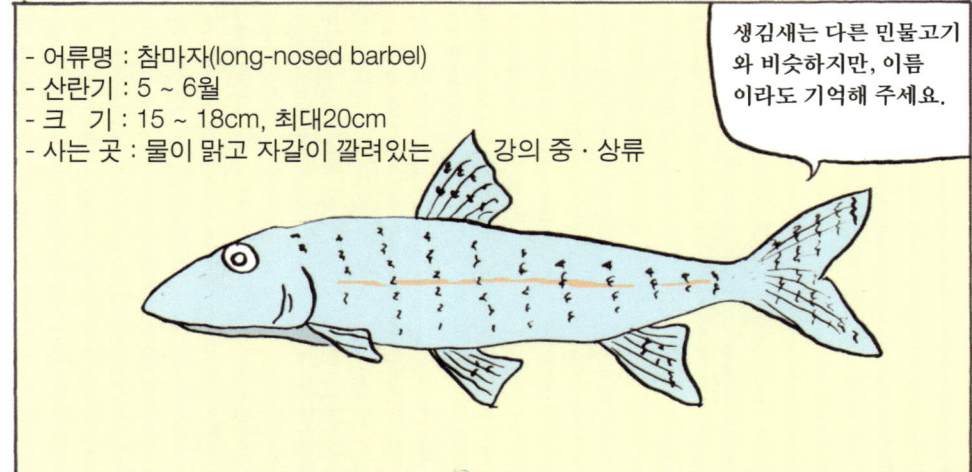

- 어류명 : 참마자(long-nosed barbel)
- 산란기 : 5 ~ 6월
- 크 기 : 15 ~ 18cm, 최대20cm
- 사는 곳 : 물이 맑고 자갈이 깔려있는 강의 중·상류

생김새는 다른 민물고기와 비슷하지만, 이름이라도 기억해 주세요.

by 도슬세

하천의 신사입니다
송어

- 뭐야? 산천어가… 아닌가?
- 저건 송어야.

- 송어는 회귀성 어류야. 강에서만 생활하는 산천어와 달리 바다에서 살다가 산란기에 다시 강으로 돌아와.
- 그렇구나.

- 어류명 : 송어
- 산란기 : 9 ~ 10월
- 크 기 : 약60cm

어렸을 때 있었던 큰 가로무늬는 크면서 없어져요.

- 사는 곳 : 물이 맑고 차가운 강의 상류

- 물고기도 하품을 하는 거야?
- 하품이라기 보다는 입을 크게 벌리는 것은
  입 속의 불순물을 물의 순환을 통해 버리는 거지.

'날치' 라고 불러요
끄리

- 어!!! 뭐야? 큰 민물고기가 잡힌 것 같은데…

- 이야, 초대형 피라미가 잡혔다.
- 이건 '피라미' 가 아니라 '끄리' 라고 해.
- 이렇게 큰 민물고기는 참 드물잖아.

- 어류명 : 끄리
- 산란기 : 5 ~ 6월
- 크 기 : 30cm 이상

지느러미가 새의 날개처럼 생겼다고 해서 '날치' 라고 하죠.

- 사는 곳 : 깨끗한 물이 흐르는 강이나 넓은 호수

- 물고기 비늘은 왜 있어?
- 물고기의 비늘은 외부의 병균 등을 막아주는 역할을 하고, 비늘이 없는 '메기' '미꾸라지' 등은 미끈미끈한 점액질이 비늘을 대신 해.

축복받은 물고기죠
잉어

- 이야, 월척이다. 잉어가 잡혔다!

- 월척은 30cm가 넘는 매우 큰 물고기를 말하지.
- 그래? 난 잉어만을 얘기하는 줄 알았는데.

- 어류명 : 잉어
- 산란기 : 5 ~ 6월
- 크 기 : 보통 50cm
         최대 120cm
- 사는 곳 : 큰 강의 중·하류, 호수, 댐, 늪 등

제가 바로 사람들이 양식한 어류 중에 가장 오래된 물고기입니다.

알에서 부화된 잉어는 3년 정도되면 성어가 되고
몸길이가 1m이상 되려면 10년 이상이 걸린다.

아셨죠?
우린 원래 신비로운
물고기라구요.

잉어에 관한 전설과 설화는 많다.
잉어 꿈은 수태를 알리는 길몽이라 하고,
잉어를 용과 같은 존재로 여기며 입신출세를 상징한다.

- 참, 오래 사는 민물고기는 어떤 것이 있어?
- 수명이 50년 정도되는 잉어, 메기, 뱀장어 등이 있어.

부부금슬이 좋아요
가물치

- 개구리로 뭘 잡겠다고 그래?
- 좀 기다려봐.

- 헉!!! 가물치가 잡혔어.
- 응 미꾸라지나 개구리로 가물치를 잡아?
- 이야, 세상에 이렇게도 잡는구나.

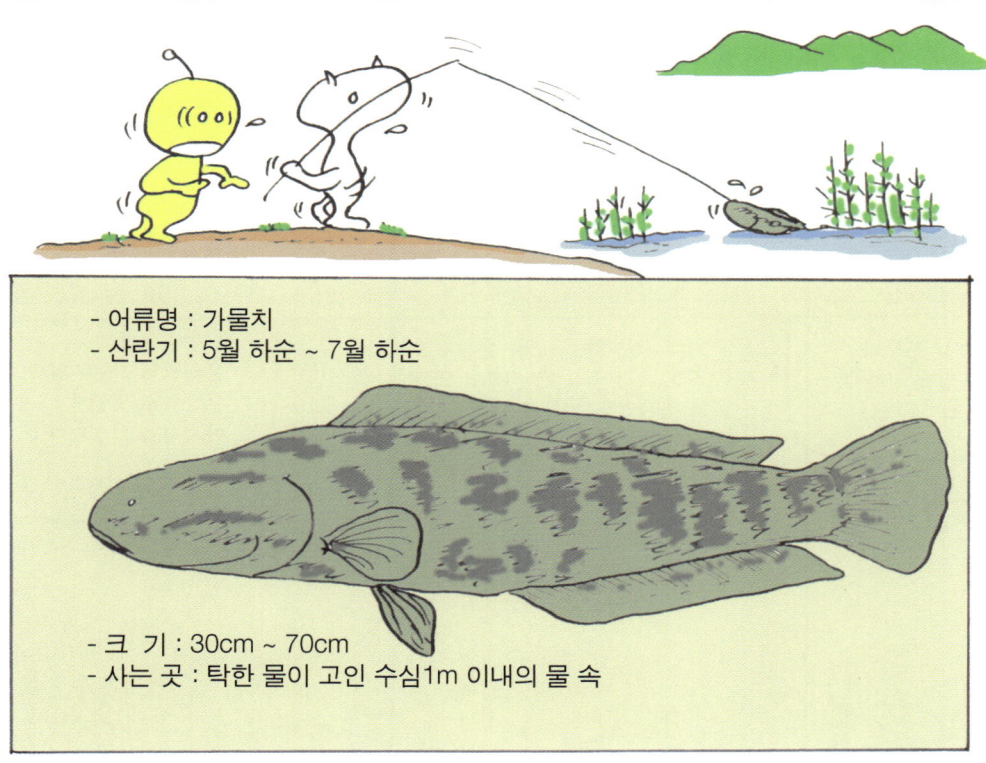

- 어류명 : 가물치
- 산란기 : 5월 하순 ~ 7월 하순
- 크 기 : 30cm ~ 70cm
- 사는 곳 : 탁한 물이 고인 수심1m 이내의 물 속

가물치 153

용감한 자가 미인을 얻는다
버들붕어

- 어!!! 아마존에서 사는 열대어가 잡혔다.
- 아니야… 이건 민물에 사는 버들붕어야.

- 그래? 생김새 좀 봐. 완전히 열대어 같잖아. 색깔도 화려하고…
- 맞어. 버들붕어는 우리나라에서만 사는 게 아니고 일본, 중국에서도 서식하고 있어.

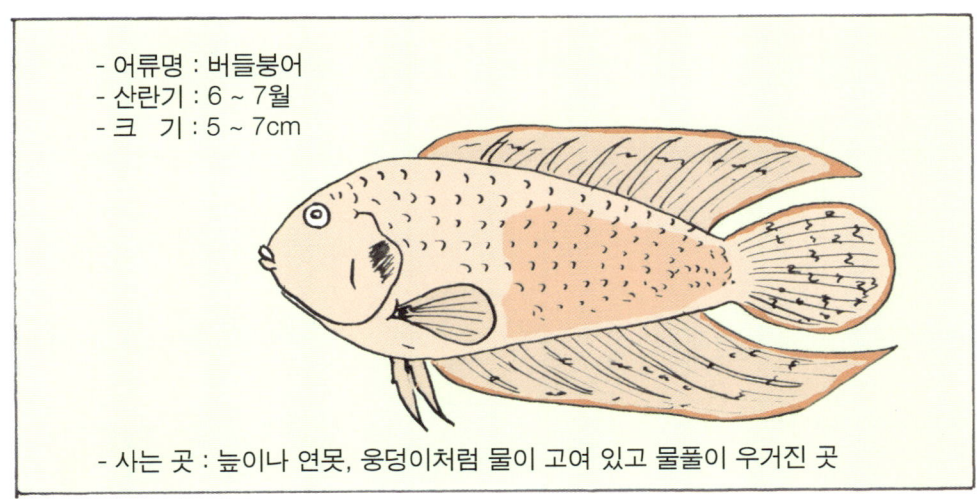

- 어류명 : 버들붕어
- 산란기 : 6 ~ 7월
- 크 기 : 5 ~ 7cm
- 사는 곳 : 늪이나 연못, 웅덩이처럼 물이 고여 있고 물풀이 우거진 곳

- 물고기에는 옆줄이 있는데 패션이야?
- 응. 그건 물의 움직임을 알기 위한 일종의 센서(감지기) 역할을 해.
- 그렇구나.

나의 밤은 너희들의 낮보다 좋다

메기

- 오늘은 어떤 민물고기와 만날까?
- 우리하고 참 친근한 민물고기였으면 좋겠다.

- 어, 메기잖아.
- 메기는 단백질과 비타민을 풍부하게 함유하고 있어 다양한 요리를 하지.

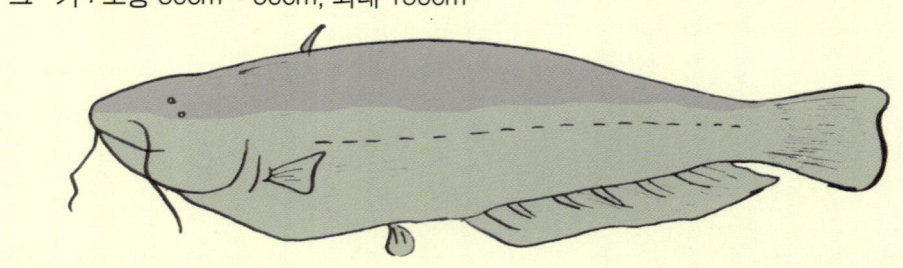

- 어류명 : 메기
- 산란기 : 5 ~ 7월
- 크　기 : 보통 30cm ~ 50cm, 최대 150cm
- 사는 곳 : 물살이 느린 강, 호수, 늪 등

알은 8~10일 후에 부화하며 다 자란 메기와 같은 형태를 띤다.

어때요? 어른처럼 의젓하게 보이죠?

4년 정도 자라면 몸길이가 60cm에 이르며 오래 사는 경우에는 최대 40년까지 사는 경우도 있다.

우린 환경을 잘 따지지 않고 잘 사니까. 장수하는 거죠.

- 예로부터 메기는 '으뜸'이라는 뜻으로 종어라 표기되었고, 고양이처럼 수염이 길어서 영어로는 'catfish'라고 한다.

by 도슝세

알고보면 현명해요
밴댕이

- 이랬다 저랬다하는 것이 꼭 밴댕이 같아.
- 뭐? 밴댕이?

- 그래 밴댕이.
- 말 막 하지 마라. 밴댕이도 알고 보면 얼마나 영리한데…….

- 어류명 : 밴댕이
- 산란기 : 4 ~ 9월
- 크　기 : 10cm
- 사는 곳 : 연안바다, 강하구

성질이 급해서 그렇지 알고보면 현명하다구요.

밴댕이 163

드라마틱한 삶을 살지요

연어

- 하천 한 가운데 왜 그물을 쳐두었지?
  무슨 짓을 하려고…….

- 태어난 하천으로 돌아오는 회귀성의 냉수성 어류인 연어를
  인공수정하기 위해 그물을 쳐놓았지.
- 난 그것도 모르고…

- 어류명 : 연어
- 산란기 : 9 ~ 11월
- 크　기 : 60 ~ 80cm
- 사는 곳 : 우리나라 동해안, 일본 연해주 캄차카 반도, 북미 등

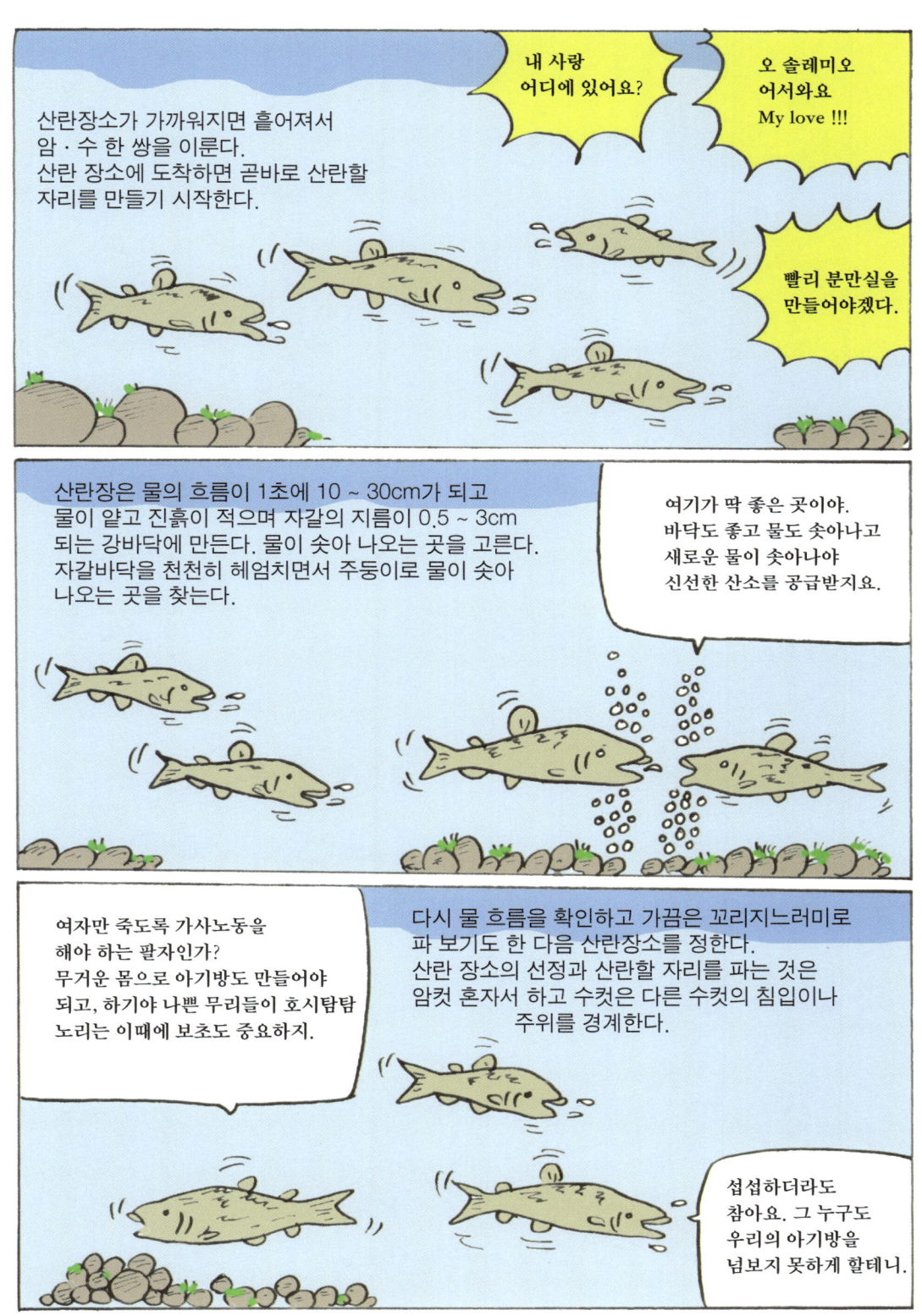

암컷은 물의 흐름을 이용해서 몸을 옆으로 누이고 꼬리지느러미로 강바닥을 격렬하게 부채질하면서 전진하는 행동을 되풀이한다.

그 사이 수컷은 때때로 암컷에게 다가가 몸을 진동시켜 암컷의 산란행동을 재촉한다. 지느러미를 펼치고 아기미를 뻗어 입을 벌리고 몸을 경련시켜 10 ~ 20초 사이에 산란과 방정을 한다.

산란 후, 암컷은 산란장의 상류부분을 판다. 이때 튕겨나오는 자갈이 산란한 곳에 수북하게 쌓이게 된다.

알이 떠내려가지 않고 다른 연어의 먹이가 되지 않기 위해서 많이 쌓아야지.

- 연어가 돌아 온다.
- 고향을 찾아오는 연어가 반가워.
- 사람도 자기의 정체성을 찾아야겠지.

*절망적인 순간에도 포기하기 않는 자가 진정한 승리자이다.
by 도슬세

군청색 무늬가 있어 블루길입니다
블루길

- 헉!!! 입질이 왔다.
  손맛이 대단하다. 으으으으...

- 어? 우리나라에도 피라냐가 잡혔다.
- 이건 외래종인 블루길이야.

- 어류명 : 블루길(blue gill)
- 산란기 : 4 ~ 6월

아가미 뚜껑 끝에 짙은 군청색의 무늬가 있어 'blue gill' 이라고 해요.

- 크 기 : 10 ~ 33cm
- 사는 곳 : 연못 · 호수 · 하천

171

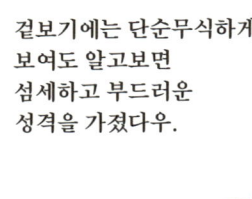